나는 반항한다,
고로 철학한다

나는 반항한다, 고로 철학한다

키아라 파스토리니 글, 페르스발 바리에 그림   김희진 옮김

공자
소크라테스
아리스토텔레스
플라톤
⋮
한나 아렌트
루트비히 비트겐슈타인

'왜'라는 의문에서 새로운 철학을 발견한 철학자들.
그들이 우리에게 전하는 짧고 명확한 개념들

문학수첩

진정한 현자들은 반항아라고?

<샤를 페팽>

처음 들으면 이런 생각에 깜짝 놀랄 수 있다. 우리가 생각하는 현자란 "세상사를 철학으로 해석하는" 사람, 바꿀 수 없는 것을 받아들일 힘을 찾는 사람, 세상을 흘러가는 대로 수긍하는 사람 아닌가?

하지만 키아라 파스토리니와 페르스발 바리에의 아름다운 초대를 받아들이면 전과 다르게 보일 것이다. 사유하는 것, 철학을 한다는 것은 반항하는 것이다. 선입견에 대해, 어리석음에 대해, 의문시되지 않는 반사적인 반응에 대해, 둔해진 습관들에 대해.

철학한다는 것은 '왜'가 없는 삶을, 순응주의를, 복종을, 독단이나 이데올로기들을 거부하는 것이다. 군중과 다수의 외침에, 다들 똑같이 생각하고 여러분도 그 속에 넣고 싶어 하는 자들에게 반대하는 것이다.

이런 불복종은 어린 나이에 배울수록 더 좋다. 그렇지만 청소년에게는 자기 혼자만 특이하게 구는 것이 쉽지 않을 수 있다. 어쩌면 청소년기에는 어느 정도 순응주의를 받아들여야 할지 모른다…. 그러므로 그 전에 시작해야 한다. 어린아이는 타고난 형이상학자다. 아이는 왜냐고 묻고, 대답을 해주면 왜냐고 또 묻는다. 대답할 말이 궁하면 우리는 결국 "원래 그런 거야"라는 말로 말문을 막고 만다. 하지만 그래서는 안 된다. 어린아이에게는 안 된다. 그것은 아이의 반란, 반역이라고도 할 수 있다. 왜? 가끔은 말로 한다. 왜 우리는 아프지? 왜 나는 어둠이 무서울까? 그리고 말로 하지 않을 때라도, 이미 생각은 싹터 있다. 왜 아무것도 없는 게 아니라 무언가가 있을까? 있는 것에는 존재의 이유가 있을까? 혹은 존재는 그저 존재하는 데 불과할까?

진정한 현자들은 '아니오'라고 말할 줄 안다. 지적인 나태함과 다수 의견의 지배에 반대한다. 그러나 그들의 커다란 '아니오'는 그보다 훨씬 거대한 '예' 다. 삶에 대한 긍정, 특수성과 자유에 대한 긍정이다. 확신이 있는 긍정이자 기쁨을 부르는 긍정이다. 화사한 색과 정확한 설명이 담긴 이 책은 그 기쁨에 대한 멋진 머리말이다.

목차

옛날 옛적 동양과
서양에서는…
근원에 대한 철학 9

소크라테스와 플라톤
그리스 철학의
아버지들 17

아리스토텔레스
행복해지기 위해 현명해지기 25

키니코스학파 디오게네스
혹은 개 인간 33

에피쿠로스학파
행복과 쾌락 41

스토아학파
지혜, 절제, 독립 49

알렉산드리아의
히파티아
맹신에 대항하는 철학 55

중세의 철학
철학자이면서
신을 믿는다는 것은 가능할까? 61

미셸 드 몽테뉴
독단주의와 선입관을
거부하는 철학 69

르네 데카르트
절대적 확실성을 찾아서 77

스피노자
기쁨 85

경험주의
지식의 근원으로서의 경험 91

이마누엘 칸트
이성의 한계 99

계몽주의
무지의 암흑에 대항하여 107

카를 마르크스
생각하기, 행동하기,
공동 소유하기 115

프리드리히 니체
반항으로서의 사유 123

한나 아렌트
행동으로서의 사유 129

실존주의
자기 인생의 주인이 되기 137

시몬 드 보부아르
남성—여성의
평등함을 위하여 145

언어 철학
혹은 언어적 전환 151

비인간들의
철학
동물과 기계 사이의 인간 159

옛날 옛적 동양과 서양에서는…

근원에 대한 철학

자아,
이제 조용히 하시고,
집중하시고…
시작합니다….

철학은 동양과 서양 양쪽에서 기원전 7세기에 탄생했어.
그 전에는 전설이나 신화를 통해 우주의 기원을 설명하려고 했지.
하지만 어느 순간, 인간은 그들의 상상력이나 우화에 기대지 않고
그 질문에 대해 성찰할 필요가 있다고 느꼈어. 그보다 합리적인 기원을 찾았던 거야!

우리 이야기는 거기서부터 시작해…

서양에서는 철학자들이 우주와 생명의 기원에 대해 의문을 지녔어.
저마다 나름의 이론이 있었지…

특히 두 철학자는 세상의 작동 방식을 두고
서로 대립했어.

잠깐만, 어떻게 되는 건지 보여줄게.

그 시대에 동양에서는 인간관계를 조화롭게 하고
현명한 삶을 살아갈 수 있는 방법을 탐구했어.

고립이 지나쳐도 안 되고,
관계가 지나쳐도 안 되니…

…적절한 중용,
그것이 지혜이니라.

그가 태어났을 때
용 두 마리가
맞이했다고 해!

내가
네 아비다!

중국 문명의
최고 스타

2미터가
넘는 키!

반 인간,
반 전설

공자

≫ 그의 노선 ≪
인정, 전통의 준수, 조상과 부모 공경

≫ 그의 도전 과제 ≪
자아 성찰 발전시키기,
비판 정신, 무위(無爲)

노자의 무위자연無爲自然과는 조금 다르다.
공자는 임금에게 덕이 있으면 애쓰지 않아도
저절로 나라가 다스려진다고 했다―옮긴이

도교의
창시자

태어날 때부터
긴 백발이 성성

남들을 아는 것이 지혜다.
자신을 아는 것은
더 뛰어난 지혜이니라.

혜성이
그의 출생을
알림

『도덕경』을 씀

저는
당신의 소예요.

노 자

∽ 그의 노선 ∽
도, 즉 '올바른 길'과 완벽한 일치를 이루기.
우리를 도에서 멀어지게 하는
개인적 욕망과 자유를 주의할 것!

∽ 그의 도전 과제 ∽
자연 현상의 자발적인 흐름에
개입하지 않기

14

당신의 인생에 도움이 될
동양 철학에서 뽑은 원칙 일곱 가지!

즐기며 할 수 있는 일을 선택하라, 그러면 인생에서 힘들게 수고할 일이 없을 것이다!

자녀에게 제 의무를 가르치지 않는 부모는 의무를 저버리는 자녀만큼 잘못이 있다.

졸았다!

벌 받겠네, 불쌍한 노인네!

유익한 친구 세 부류가 있고, 해로운 친구 세 부류가 있다.

유익한 친구: 정직한 친구, 성실한 친구, 견문이 넓은 친구

해로운 친구: 거짓된 친구, 줏대 없는 친구, 말만 그럴싸한 친구.

실패는 성공의 기반이다.

스승님, 수영이…

쉬운 도예

진정한 부는 가진 것에 만족할 줄 아는 것이다.

마르그리트, 내 보물단지!

공자

소크라테스와 플라톤

그리스 철학의 아버지들

게다가
공짜라고!

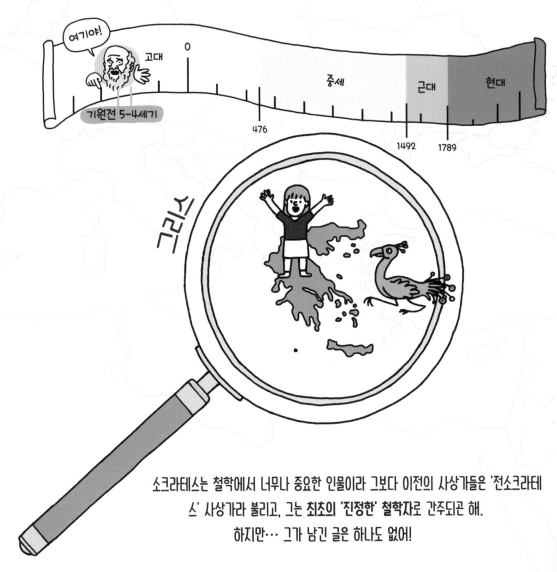

소크라테스는 철학에서 너무나 중요한 인물이라 그보다 이전의 사상가들은 '전소크라테스' 사상가라 불리고, 그는 **최초의 '진정한' 철학자**로 간주되곤 해.
하지만… 그가 남긴 글은 하나도 없어!

우리가 그에 대해 아는 것은 모두 그의 제자들 덕분이야. 제자들은 아테네의 거리에서 소크라테스를 따라다니며 그의 문제 제기에 참여했지. 바로 '산파술'*이야!

그중 가장 유명한 제자인 플라톤이 『대화』를 쓰면서 소크라테스를 등장시켰어.

---

* 산파술: 그리스어로 '해산을 돕는 기술'이라는 뜻이야, 게다가 소크라테스의 어머니는 산파였어!
물론, 소크라테스는 엄마들의 해산을 돕는 게 아니라 정신의 해산을 말한 거였지!

아테네 법정은-당시 이미 민주주의 법정이었단다!-소크라테스에게 사형을 선고했어. 소크라테스는 그 결정을 받아들였고, 감옥 독방에서 독당근으로 만든 탕약을 마시고 죽었어.

그의 죽음은 사람들의 머릿속에 너무나 깊은 충격을 남겼고 그때부터 철학이 탄생했어!

플라톤은 아카데미, 즉 철학을 공부하는 학교를 창설했지만, 수학에도 많은 공헌을 했어!
소크라테스처럼 플라톤도 올바른 행동은 진리에 대한 우리의 지식과 우리 이성의 사용에 달려있다고
생각했어. 우선, 우리는 우리의 감각을 믿지 말아야 해.
감각은 오류의 근원이거든. 우리는 관념(이데아)을 포착해야 해.

그는 매우 유명한 이야기로 자신의 이론을 설명했어.

동굴의 비유*

---

* 「공화국」에서

그래! 플라톤이 보기에, 인간은 동굴 속에 살며 사물과 실제 존재들의 그림자만 보고 있었어.
다행히도 철학은 그들이 동굴에서 나와 현실을 보도록 도울 수 있지.

선과 참된 지식을 추구하도록

당신을 이끌어 줄 원칙 네 가지

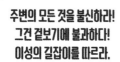

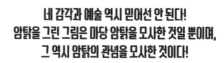

소크라테스

* 플라톤, 「소크라테스의 변명」, 기원전 399년 참고.

아리스토텔레스
행복해지기 위해 현명해지기

얘들아, 잘 알아두렴,
지혜란
인생이란다…

하지만 그렇다고
너무 현명해지지는
말거라…

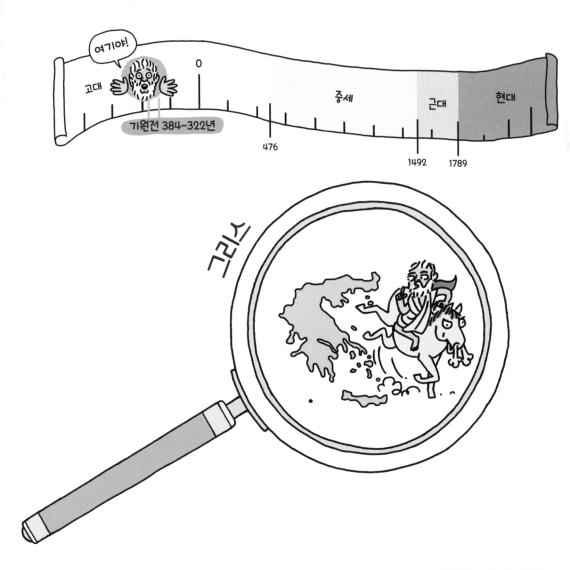

아리스토텔레스는 처음에는 플라톤의 제자였어. 그러다가 자신만의 철학 학교를 세웠지. 바로 리케이온 Lykeion이야(프랑스어로 고등학교lycée 라는 말은 여기서 왔어!). 이내 그는 서양에서 가장 위대한 사상가 중 하나가 되었어. 마케도니아의 왕 알렉산드로스 대왕의 스승을 맡기도 해.

아리스토텔레스는 모든 분야에 관심을 가졌어. 정치, 생물학, 물리학, 경제학, 수사학(사상을 효과적으로 표현하는 기술), 형이상학(사물 너머에 존재하는 것에 대한 학문).

하지만 그가 보기에 모든 학문의 어머니는 철학이었지(빙고!).

스스로 제기한 수천 가지 질문 중,
계속해서 떠오르는 질문이 있었어.

어떻게
행복을
찾을
것인가?

그리고 어느 날, 그는 답을 찾았어.

그래,
그거야!

덕이
있으면 돼!

그건
약인가요?

덕이란 과도함과 부족함의
극단을 피해 사는 거야.
두 구렁 사이의 고갯길과 같은
'적절한 중간'을 가는 거지.

쉽군!

과도함

부족함

그건 일상에서 올바르게 행동하고자 하는 의지이고, 결국은 습관이 되지.

아리스토텔레스에게, 주요한 덕은
정의와 절제, 지혜와 용기였어.

아리스토텔레스는 무척 중요한 다른 개념들도 창안했어!

카타르시스: 예술 작품이 불러일으키는, 특정 감정들을 배출시키는 상태.

슬픈 이야기를 읽는 건 유익해…

정말 아름다운 이야기야!

…공포 영화를 보는 것도!

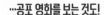

걱정 마세요, 아주 정상이니까.
자기의 범죄적 성향을 배출하는 거랍니다…

가능태와 현실태

가능태는 원재료와 같아.

내 최고 걸작이 되겠군!

그리고 현실태는 완성된 조각상과 같지.

대단한 인물이야!

경이: 가장 커다란 증거에 대해서도 의문을 품을 수 있는 능력

하지만… 왜지?

왜 그런 표정을 하고 있니, 뻐끔아?

아주 좋은 질문이야!

경이로워 하거라, 꼬마야!

아?

사유가 앞으로 나아가는 건 경이 덕분이지.

경이는 철학의 시작이란다!

답을 알겠어요. 뻐끔이는 죽었네요.

당신에게만 알려주는
아리스토텔레스의 사유에서 뽑은 조언 네 가지

쾌락	부
쾌락만을 추구하지 마라! 너를 이끌어야 하는 건 행복이다!	결코 부를 좇아선 안 된다. 돈은 그 자체로 목적이 아니라, 다른 것의 수단에 지나지 않는다.

정의와 공평함	우정
각자에게 속한 것을 주라! 법은 항상 일반적이므로, 특수한 사례에 관심을 가져야 한다…	친구들과 관계를 돈독히 하라. 우정은 인생에서 가장 소중한 것이다!

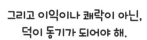

* 그리스어로 폴리스polis.

아리스토텔레스

* 『정치학』, 기원전 330–323년.

키니코스학파 디오게네스

혹은 개 인간

알렉산드로스 대왕은
자기가 알렉산드로스 대왕이
아니었다면 내가 되고
싶었을 거래!

근사하지 않아?

여기야!

고대

기원전 413-327년

476

중세

근대

현대

1492 1789

그리스

키니코스학파*의 가장 유명한 대표자, 디오게네스는 아테네 시민들에게
강렬한 인상을 남겼어. 그의 생애에 대해서는 수많은 일화가 떠도는데,
반쯤은 역사적 사실이고 반쯤은 전설이야!

고독하고 도발적인 철학자였던 디오게네스는 본성에 따라 살 것, 모든 사회적 규범에 반대할 것,
돈도 물질적인 재화도 중요하게 여기지 말 것을 권했어.

키니코스학파는 스토아 철학의 발전에 깊은 영향을 미쳤지.

* 그리스어로 '개'를 뜻하는 쿠노스kunos에서 유래한 말로, 견유학파라고도 해.

디오게네스는 노숙자처럼 거리에 살며, 여름이건 겨울이건 오직 외투 한 벌만 걸치고, 가진 것이라곤 배낭 하나와 사발 하나뿐이었다고 해. 그는 나무통 속에 모로 누워 잠을 잤어. 그리고 구걸할 때면 매번 기회 삼아 행인들, 특히 부유한 사람들을 비판했다고 해!

키니코스학파의 특징은 사회적 관습을 철저히 무시하고
유난히 간소하게 덕을 숭배한다는 거야.

* 공공장소

당신의 인생에 도움이 될
실용적인 원칙 두 가지

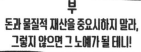

부
돈과 물질적 재산을 중요시하지 말라,
그렇지 않으면 그 노예가 될 테니!

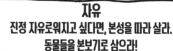

자유
진정 자유로워지고 싶다면, 본성을 따라 살라.
동물들을 본보기로 삼으라!

디오게네스의 죽음에 대해서는
여러 가지 이야기가 있어. 어떤 이들 말로는,
개에게서 뼈를 슬쩍해서 먹으려다가 물려서
감염되는 바람에 죽었대.

벼룩처럼 움직이면
녀석이 날 못 보겠지.

다른 설로는, 내기의 결과로 날문어를 먹었다가
죽었대. 실망해서 자발적으로 숨쉬기를
멈췄다는 말도 있어.

아니면
두 가지 다일 수도?

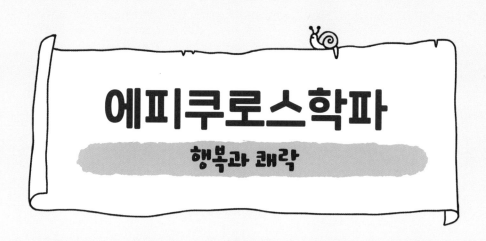

에피쿠로스학파

행복과 쾌락

샐러드를 먹으면서
행복해지는 법을 알려줄게!

그렇지만 걱정 마, 빌리,
너한테 조금 남겨줄게…

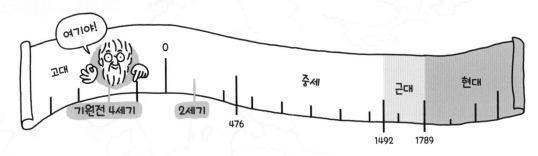

그리스, 튀르키예, 이탈리아

기원전 306년, 에피쿠로스는 아테네의 한 정원에 학교를 세웠어
(그의 철학은 '정원 철학'이라 불리게 돼). 그는 어떻게 행복에 도달할 수 있는지
가르쳤어. 에피쿠로스에게 행복은 정신과 육체 모두에 괴로움이 없는 상태*였어.

에피쿠로스학파는 세상의 기원을 탐구하기도 했어. 그들은 세상이 빈 공간과 원자**,
즉 개별적인 입자들로 이루어져 있다고 보았고, 원자는 저희들끼리 결합하여 만물을 이루는 거야.

* 그리스어로 아타락시아ataraxia.
** 그들 이전에 데모크리토스(기원전 460-370)라는 철학자가 이런 사유를 전개했어.

원자들

철학자 루크레티우스(기원전 1세기)는 『만물의 본성에 대하여』라는 긴 시에서
에피쿠로스의 원칙들에 따라 세상을 묘사했어.

* 그리스어로 '벗어남, 기울어짐'의 뜻.

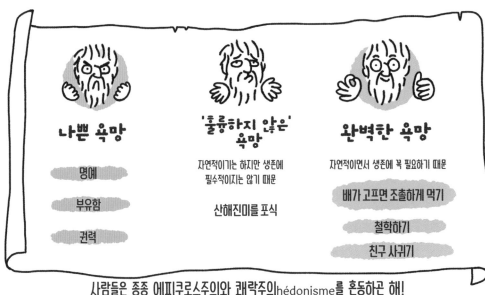

사람들은 종종 에피쿠로스주의와 쾌락주의hédonisme를 혼동하곤 해!

잘못된 생각이야!

고통을 치유하고 행복에 도달하게 해줄 네 가지

약과도 같은 실용적인 원칙 네 가지

신을 두려워하지 말라!

줄 맞추어 나아가자…

그들은 완벽하고 행복한 존재이며… 인간사에는 관심이 없다!

죽음을 두려워하지 말라!

썩 꺼져! 아직 십자말풀이 게임을 다 못 끝냈다고…

우리가 살아있을 때 죽음은 그곳에 없고, 죽음이 왔을 때 우리는 더 이상 없으니!

항상 행복을 찾으라(행복은 가능하다)

그러기 위해서는 과도함 없이 살아야 하고 쾌락과 고통 사이의 균형을 추구해야 한다.

고통을 제거하라!

으악 써!

주사 맞는 게 더 낫겠니? 히히!

하지만 고통이 모두 피해야 할 것은 아니다! 이따금 즉각적인 고통이 이후의 즐거움으로 이어지기도 하니까…

에피쿠로스

* 『메노이케우스에게 보낸 서한』, 기원전 4세기 혹은 3세기.

스토아학파

지혜, 절제, 독립

지금부터, 지혜로워지는 법과 네게 일어나는 모든 일을 받아들이는 법을 가르쳐 주지…

여기야!

고대   0   중세   근대   현대

기원전 3세기   2세기

476

1492   1789

그리스

스토아주의는 기원전 3세기 키티온 출신 제논이 아테네에 세운 철학 학파야.
그는 주랑* 아래서 수업을 했고 지혜에 도달하는 법을 가르쳤어.

그의 이후에도 에픽테토스, 키케로, 세네카, 로마 황제 마르쿠스 아우렐리우스 등
스토아 철학 사상가들이 많았어. 스토아 철학은 2세기 말까지 발전했어.

*   그리스어로 스토아stoa.

세상을 있는 그대로 받아들이고 현명해지도록
당신을 도와줄 실용적인 원칙 다섯 가지!

세네카

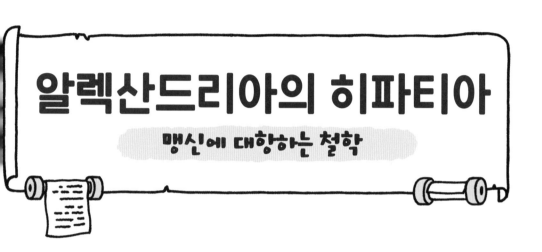

알렉산드리아의 히파티아

맹신에 대항하는 철학

마침내
여성 등장!

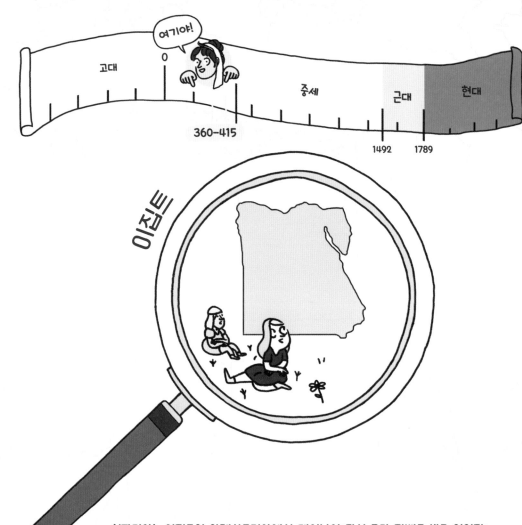

히파티아는 이집트의 알렉산드리아에서 태어났어(당시 로마 지배를 받고 있었지).
거기서 아버지에게 수학을 배웠고 아테네에서 철학을 공부하며 학업을 계속했어.
히파티아는 아마 고대 유일한 여성 과학 전문가였을 거야!

히파티아는 이교도, 다시 말해 신을 믿지 않았지만, 최초의 기독교인들에게 관용적이었고
그들에게 수업을 하기도 했어. 불행히도 그 시대부터 이미 모두가 관용을 보이지는 않았어.
히파티아는 광신적인 기독교 수사들에 의해 잔혹하게 암살당했지.

그 이후, 히파티아는 사상의 자유를 나타내는 상징이 되었어.

히파티아는 플라톤과 아리스토텔레스의 저작을 바탕으로 천문학과 철학 강의를 했어.
그녀는 신플라톤주의라 불리는 철학 흐름에 속해있었지.
공개 강연회를 열고 외국인들을 위한 안내서를 쓰기도 했어.

히파티아는 아름다웠어!
하지만 매우 젊은 나이에 자신의 생을 지식에 바치겠다고
결심했고 그래서 결혼하지 않았어!

그녀는 모든 '사유의 체계'를 거부하고
아주 독립적인 삶을 살았어. 그런 이유에서 히파티아는
페미니스트*들이 내세우는 인물이 되었지.

* 페미니즘은 사회에서 남성과 여성 간의 평등한 권리를 주장하는 움직임이야. 투표권, 대통령으로 선출될 권리, 동일 노동에 대한 동일 임금, 동등한 교육권 등등.

보다 자유롭고 공정한 세상을 만드는
법칙 몇 가지

교조주의*를 거부하라!
절대적 확실성처럼 들리는 의견들을 믿지 말라…
깊은 무지가 숨겨져 있을 때가 많다!

사상의 자유를 받아들이라!
선입견 속에 갇히거나 남들의 영향에 휘둘리지 말라.
스스로 생각하는 바를 자유롭게 표현하라!

평등을 받아들이라!
항상 타인을 너와 동등하게 대하라!

광신주의를 거부하라!
나와 다르고, 다른 믿음을 지닌 이들에게 관용적으로 대하라.

* 교조주의란 의심과 비판을 거부하는 철학적 혹은 종교적 태도야.

알렉산드리아의
히파티아

중세의 철학

철학자이면서 신을 믿는다는 것은 가능할까?

어쨌든,
뭔가를 믿거나 알기 전에
먼저 이해해야 해!

중세의 철학자들은 아리스토텔레스와 플라톤 같은
고대 그리스 철학자들의 사유를 알리는 데 크게 공헌했어.

그들은 그리스어 문헌을 아랍어로 번역했고, 아랍어에서 라틴어로 번역했으며
그것을 그들의 기독교적이거나 이슬람교적 사고와 공존하게 하려고 노력했어.
하지만 고대 그리스 시대에는 전능한 유일신을 믿는 신앙이 없었어!

그래서 중세 철학 최대의 관건은, 신에 대한 믿음과 고대 그리스에서 매우 중요했던
인간의 이성을 양립하는 것이었어.

신앙이 앞서고,
지성은 뒤따른다!

≫ 성 아우구스티누스 ≪
(알제리, 354-430)

아리스토텔레스가 앞서
말한 바 있듯, 시간에는 반드시
시작이 있었을 것인즉, 그것을
창조하신 분은 신이시다…
그러므로 신은 존
재한다! 그리고
신은 단 한 분이
시다. 알라.

≫ 알-킨디 ≪
(이라크, 801-873)

나는
아리스토텔레스의
『형이상학』을
마흔 번이나 읽었지!

≫ 이븐 시나 ≪
(우즈베키스탄, 980-이란, 1037)

경전을 읽을 때라도
이성을, 비판 정신을
이용해야 한다! 그리고
가끔은 의심해야 한다…

≫ 아벨라르 ≪
(프랑스, 1079-1142)

신앙(기독교 신앙!)과
이성은 서로
모순될 수 없다!

≫ 성 토마스 아퀴나스 ≪
(이탈리아, 1224-1274)

인간은 신과 다르지
않은 존재다…
차이점은 단지 인간은
유한하고 신은
무한하다는 것이다!

≫ 던스 스코터스 ≪
(스코틀랜드, 1266-독일, 1308)

신은 전능하시나,
때때로 세상에서
일어나는 일은
그분 때문이 아니다!
예를 들어 태우는 것은
(신이 아니라!)
불이다…

≫ 윌리엄 오컴 ≪
(잉글랜드, 1285-독일, 1347)

성 아우구스티누스는 유명한 기독교 철학자야. 하지만 그의 젊은 시절은 꽤 방탕했어.
『고백록』에 그 이야기가 나와있지. 책에서 그는 자신의 잘못들과 기독교로의 개종을 고백해.

와, 배들이 참 고와요, 보세요 아우구스티누스!

하나 먹어봤으면 좋겠다!

저걸 보니 젊은 시절의 추억이 떠오르는구나…

아 그래요? 먼데요?

너에게 내 죄 하나를 털어놓으마, 레나. 젊었을 때, 난 친구들과 어느 날 밤 탐스러운 배들을 훔치러 갔지. 난 악동이었지만 그래도 철학을 사랑했단다!

아, 배를 훔쳤다고요… 그렇게 심각한 짓은 아니잖아요?

심각했지, 왜냐하면 우리는 그냥 재미로 훔친 거였거든! 돼지에게 던져줬단다!

히히히

헤헤헤

힛싯싯

호호호

하하하

후후후

중세의 철학자들은 '스콜라 철학자'라 불렸고, 언어 문제에도 관심을 두었는데,
그 안에서도 갈래가 나뉘었어.

오컴은 또한 인생에 도움이 될 아주 실용적인 법칙을 남겼어.

오컴의 면도날

단순하게 할 수 있는 일을 복잡하게 하지 마라!

아벨라르

미셸 드 몽테뉴

독단주의와 선입관을 거부하는 철학

인본주의자, 맞아!
하지만 난 동물도
똑같이 좋아해!

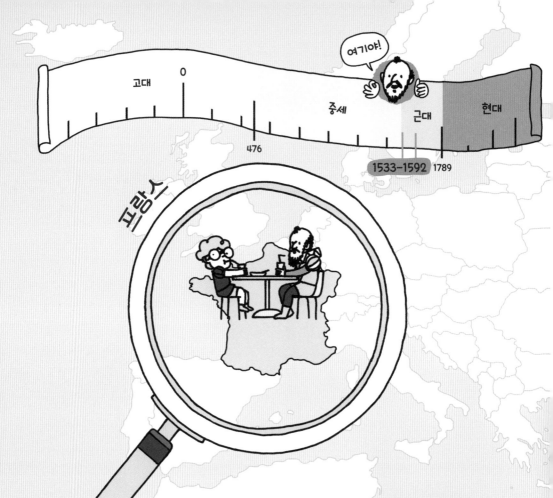

고대
0
476
중세
근대
1533-1592 1789
현대
여기야!
프랑스

어린 미셸은 보르도의 부유한 상인 집안에서 태어났어.
아버지는 라틴어로만 얘기하는 가정교사에게 그를 맡겼지! 어른이 된 몽테뉴는
사법관이 되었다가 가문 영지 관리에 전념하게 돼. 그는 자기 성의 탑 하나에 서재를
만들어 거기서 독서와 연구를 하고, 유명한 저서 『수상록』의 집필을 시작해.

『수상록』에서 그는 인간의 조건과 자기 자신에 대한 내면의 생각들을 썼어.
역사상 최초의 자서전이라 할 만해!

몽테뉴는 인본주의의 계승자야. 14세기 사상의 흐름인 인본주의는 인간을 무엇보다 귀중하게 보았지.

개인적 성찰들 속에서 그는 종교와 철학의 확실성들을 비판했어.

몽테뉴의 시대에 프랑스는 종교전쟁으로 황폐했어.

그 당시, 유럽인들은 아메리카를 발견했고 많은 이들이 이 신대륙 주민들을 야만인이라 생각했어! 몽테뉴는 이런 선입관들을 비판했지.

그리고 동물들이 영혼 없는 기계로 여겨졌던 시대에, 몽테뉴는 매우 현대적이었어.
그는 동물과 인간 사이에 일종의 연속성이 있다고 주장했거든!

물론, 그래도 몇몇 동물을 먹는 걸 포기하기까지는 못했지. 예를 들어 굴이 그랬어!

아아…!

무슨 일이에요, 몽테뉴?

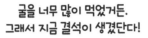

굴을 너무 많이 먹었거든. 그래서 지금 결석이 생겼단다!

그 병은 매우…

오! …보세요! 제비가 둥지를 짓고 있어요!

내 신장병엔 관심도 없다 이거구나, 응?

우와! 나뭇가지를 고르고 이끼를 발라서 집을 더 안락하게 하네요!

알겠지, 동물들은 인간을 부러워할 게 하나도 없단다!

동물들이 지성이 있다고 생각하세요?

물론이지!

그럼 동물들은 자기들끼리 말할까요?…

이를테면 언어가 있어서 자기들끼리 의사 소통을 하는 셈이지! 게다가 동물이 본능적으로 인간이 할 수 없는 일들을 한단다…

어떤 일 말인가요?

이렇게 완벽한 천을 짤 수 있겠니?

굴이 만들어 내는 진주는 또 어떻고, 근사하지 않아?

옳으신 말씀이에요, 몽테뉴, 동물은 가끔 사람보다 훨씬 더 지혜로워요. 예를 들어…

…탈이 날 걸 알면서 굴을 그렇게 많이 먹을 동물이 어디 있겠어요?

그렇지만 그 짭짤한 맛이 좋단 말이야…

당신 인생에 도움이 될
실용적인 원칙 네 가지

에티엔 드 라
보에티

미셸 드
몽테뉴

* 『수상록』, "우정에 대하여", 1595 참고.

르네 데카르트

절대적 확실성을 찾아서

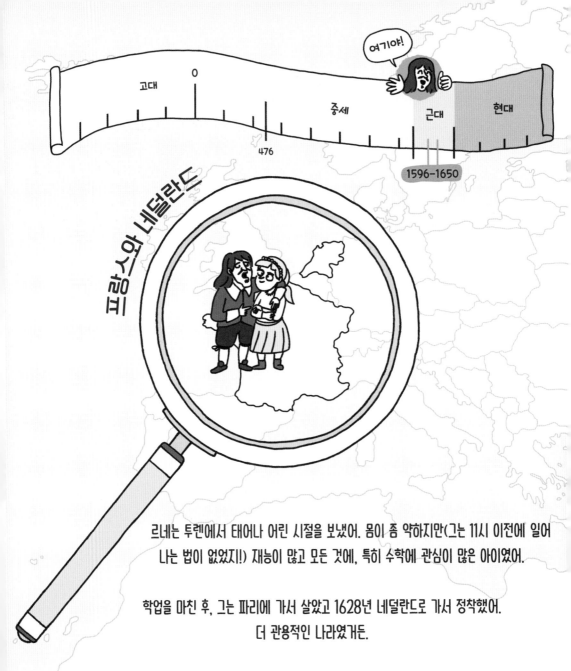

고대

0

476

중세

근대

현대

1596-1650

프랑스와 네덜란드

르네는 투렌에서 태어나 어린 시절을 보냈어. 몸이 좀 약하지만(그는 11시 이전에 일어나는 법이 없었지!) 재능이 많고 모든 것에, 특히 수학에 관심이 많은 아이였어.

학업을 마친 후, 그는 파리에 가서 살았고 1628년 네덜란드로 가서 정착했어.
더 관용적인 나라였거든.

거기서 그는 새로운 철학을 발전시키기로 결심했어. 그는 사물들을 스스로, 자유로운 방식으로 판단하고 싶었어.
한편 그의 사상들을 위험하게 여긴 종교 당국들과 마찰을 겪었지.

하지만 그의 방법론은 중대한 전환점을 이룩했어. 그는 **최초의 근대 철학자**야!

먼저, 르네는 철학과 과학에서 진리에 닿을 수 있는 방법을 찾았어.
그리기 위한 단순하지만 급진적인 첫 번째 생각은, 모든 것을 의심하기야!

내가 앞으로 나아가는 것일까, 도시가 지나가는 것일까?

저 나무는 진짜 나무일까?

싱그러운 튤립 사세요, 싱싱해요!

저 튤립들은 진짜 튤립일까 아니면 조화일까?

튤립

···책에서 설명하는 지식들을
의심하고···

크로크무슈에 빵을 넣는다고?

프랑스 사람들이란!

빵 사이에 베샤멜소스, 햄, 치즈를 넣고 오븐에 구워 만드는 일종의 샌드위치 – 옮긴이

···감각을 통해 전달되는 것도
의심하는 거야.

소파인가?

냄새가 요상한데···

사물을 진실로 파악하려면, 만지거나 듣는 대로 믿어서는 안 된답니다!

보는 것은 더 안 되죠!

특히 당신은 그렇지요, 내 사랑…

약간 사시였던 르네의 여자 친구 →

그건 왜죠?

예를 들어, 주사위의 면은 몇 개인가요?

여섯 개! 하지만 보이는 건 세 개뿐이에요!!

그러니 진실을 발견하도록 하는 건 **감각**이 아니라 **정신**입니다.

정신이 대상들 간의 연관을 짓게 하고 그리하여 대상들을 알아보도록 하는 거죠!

그렇지만 르네…

내가 내 감각들에 속지 않았다는 걸 어떻게 확신할 수 있나요?

혹은 꿈꾸는 게 아니라는 걸?

혹은 미쳐버리지 않았다는 걸?

정신 차려요, 내 사랑!

결코 의심할 수 없는 한 가지가 있어요! 그건 우리가 확실한 앎을 수립할 수 있게 해주죠!

그렇군요, 그게 뭔가요?

바로 나랍니다! 의심하는 나! 왜냐하면 내가 의심한다는 것은 내가 생각한다는 뜻이고, 내가 생각한다면 그건 내가 존재한다는 뜻이니까요!

Cogito ergo Sum

코기토 에르고 숨
<나는 생각한다, 고로 나는 존재한다!>

체계적이고 절대적인 의심은
단지 모든 것에 의문을 제기하기 위해 필요한 단계일 뿐이야.

…절대적 확실성에 도달한다는 유일한 목적에서 말이야.

그리고 각자 저마다의
길이 있어!

절대적 진리를 탐구하도록
당신을 이끌어 줄 원칙 네 가지!

명증성
어떤 것이 너의 정신에 명백하고 분명하게 나타날 때만이 진실이다.

분석
커다란 문제를 덜 어려운 여러 부분으로 바꿔 보라!

종합과 논증
네 사유들의 순서를 정하라, 단순한 대상들에 대한 지식으로부터 시작해서 복잡한 것들에 이르기까지.

열거
최대한 완벽한 목록을 만들라!

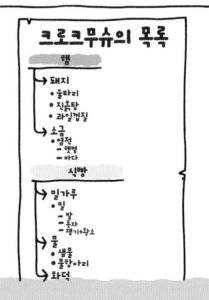

과학 분야에서 데카르트가 남긴 영향은 상당해.
그의 이름에서 유래한 '데카르트적cartésien'이라는 형용사까지 생겼지.
데카르트적 정신은 명백하고, 논리적이고, 체계적인 지적 특성을 보여.

르네 데카르트

* 『방법서설』, 1637 참고.

스피노자

기쁨

짠!
더 높은 완전성을 위해서는
이쪽으로…

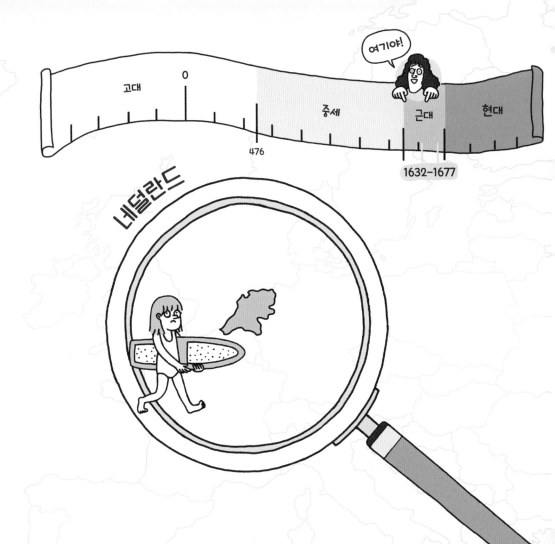

바뤼흐 스피노자는 암스테르담에서, 가톨릭 에스파냐의 박해를 피해 온 유대인 집안에서
태어났어. 관용적인 나라였던 네덜란드에서 스피노자는 철학을 발견했고,
안경과 현미경 렌즈를 가공하는 일로 생계를 유지했어!

하지만 그의 정치적이고 반종교적인 의견들은 네덜란드에서도 검열을 당했고
주저인 『에티카』는 생전에는 출간되지 못했어.

스피노자는 인간이 이성의 올바른 사용을 통해 기쁨을 즐기고 슬픈 정념들과 싸울 수 있다고 생각했어.

스피노자가 보기에, 우리는 육체와 정신에서 줄곧 변화를 겪고 있어.
바로 정동(情動), 다시 말해 욕망, 기쁨, 슬픔 등이야.

스피노자는 데카르트의 계승자였어. 두 철학자 모두 **이성**을 가장 중시했지.
반면 둘 사이엔 작은 차이점이 있어…

데카르트는 정신과 육체를 분리했어.
이를 **이원론**이라고 해.

한편 스피노자는 육체와 영혼이 하나라고 단언했어.
이를 **일원론**이라고 해.

데카르트가 보기에, 신은 전능하고, 완벽하고,
우리를 초월해 있어.
이것이 **초월성**이야.

스피노자는 범신론자panthéiste*야. 그는
신이 만물에 현존한다고 봐. 따라서 우리는 모두 신의
한 조각이지. 이것이 **내재성**이야.

걱정 마, 잘할 거야.
난 신의 한 조각인걸!

* 그리스어로 '모두'를 뜻하는 pan, '신'을 뜻하는 theos에서 유래.

당신을 기쁨으로
이끌어 줄 원칙 네 가지!

세계에 현존하고 네 존재를 확장시켜 줄 것을 욕망하라!

이성을 이용해 무엇이 너를 슬프게 하는지 파악하라. 그리고 그것을 피하려 노력하라!

이성을 이용해 무엇이 너를 기쁘게 하는지 파악하라. 그리고 그 길을 따르라!

네가 자유로워질 수 있는 것은 네 이성을 따라서다. 네게 영향을 미치는 것의 이유를 알면 해방이 오리라!

바뤼흐 스피노자

* 『에티카』, 1677.

경험주의

지식의 근원으로서의 경험

진정한 현자가 되고 싶다면,
경험을 많이 쌓아!

하지만
그슬리지 않게 조심하라고…!

우리의 지식이나 믿음은 어디서 올까?

우리의 경험에서지! 여기서는 그런 이유로 '경험주의자'라 불리는 몇몇 사상가의 사유를 소개할 거야.

영국을 중심으로 16세기부터 발전한 근대 **경험주의**는 데카르트에게서 볼 수 있는
다른 세계관(플라톤의 유산이지!)과 대립돼. 우리가 태어나면서부터 진리의 개념이나
신의 개념 같은 관념들을 갖추고 있다는 세계관이지(이를 **본유주의**라고 해).

우선 유명한 경험주의자들을 소개할게.

데이비드 흄은 자연의 법칙들을 알고 우리 주변의 세상을 연구하기 전에 우선 우리의 정신이 어떻게 작동하는지 이해하는 게 굉장히 중요하다고 보았어. 지식은 두 종류의 지각을 기반으로 해.

인상

인상은 직접 경험에서 와.
우리의 감각, 정념, 감정 등을 말하며 우리 안에 매우 강렬하게 새겨지지.

아, 햇빛이 참으로 좋구나!

관념

관념은 사유 속 단순한 **인상의 복제**야.

이런, 내가 햇빛은 피부를 태운다는 관념 속에 있군…

놀라워! …내가 느끼거나 생각하는 모든 것이 내 경험에 근거한다는 사실을 잘 드러내잖아!

아이고, 뜨거워!

당신 인생에 도움이 될

경험주의자들이 알려주는 원칙 세 가지

믿음
유니콘을 믿지 마라! 그걸 본 사람은 아무도 없다!

가만, 그렇다면 땅콩이는… 조랑말이란 거야?!

지식
불이 탄다고 말하기 전에, 그 열기를 반드시 느껴보라!

그러네, 따뜻해지는 게 느껴져.

그리고 머리카락 타는 냄새도 나는데…

미학
순무를 싫어한다고 말하기 전에, 맛을 보라!
어쩌면 생각이 바뀔지도 모른다.

난 애호박 맛을 즐기게 되기까지 열일곱 번이나 먹어봤어…

초콜릿 케이크로 만들면 맛있더라고!

데이비드 흄

* 『인간 본성론』, 1739.

이마누엘 칸트

이성의 한계

지금부터
게임을
시작하지…

여기야!

고대

0

476

중세

근대

현대

1724-1804

쾨니히스베르크

동프로이센-현재의 러시아

이마누엘 칸트는 열한 자녀가 있는 집의 넷째였어!
그는 쾨니히스베르크에서 태어나고 사망했으며 평생 그 도시를 떠나지 않았지.
시계처럼 정확한 습관의 사나이였어!

평생토록, 그는 과학자들은 종종 합의에 이르지만 철학자들은 그렇지 않다는 점에 주목했어.
이 의문이 그의 철학의 출발점이었지. 그리하여 그는 60세 가까운 나이에 세 편의 『비판』을 집필해
이성이 인식하도록 허용하는 것과… 그 한계에 대해 자문했어.
이 질문에 대답하기 위해 그는 더 작은 질문들을 했지.
나는 무엇을 알 수 있는가? 나는 무엇을 해야 하는가? 아름다움이란 무엇인가?

이 모자를 봐.

나는 오직 내 감각, 내 지각의 '필터를 거쳐'서만 이걸 인식해.

마치 푸른 색안경을 쓰고 만물을 보는 것과 같지. 하지만 나는 푸른 색안경을 벗을 수가 없고, 따라서 사물들을 '물 자체'로 인식할 수 없어.

잘 봐, 설명해 줄게.

현상	본체
내게 나타나는 그대로의 사물	'물 자체'의 사물
→ 인식될 수 있음	→ 인식 불가능

환상적이군요, 굉장한 설명이에요!

그럼 이제, 두 번째 질문입니다.

질문 2
나는 무엇을 해야 하는가?

그건 쉽지…

바르게 행동하려면, 의무를 행해야 해.

우리 엄마처럼 말하시네요.

아니야! 내가 말하는 의무는 다르거든. 자신의 의무를 행한다는 건, 우리에게 주어진 법칙들을 존중한다는 거야.

잠깐, 사회자는 너희들이잖아, 왜 내가 다 설명해 줘야 하는 거지?

아, 그럼 내 마음대로 "짝꿍을 때리는 건 옳다" 같은 법칙을 만들어도 되는 거예요?

그랬다가 네 짝꿍이 똑같이 하면 어떻게 될까? 네 행동을 이끄는 법칙은 누구에게나 적용 가능한 보편적인 법칙이어야 해!

논란이 되어선 안 되지.

이것이 정언 명령이야

칸트의 윤리에 따른
당신 인생의 길잡이가 될 쉬운 원칙 두 가지

* 『실천 이성 비판』, 1788.

계몽주의

무지의 암흑에 대항하여

여기서는 불신해야 할 진짜 늑대가 누구인지 알게 될 거야!

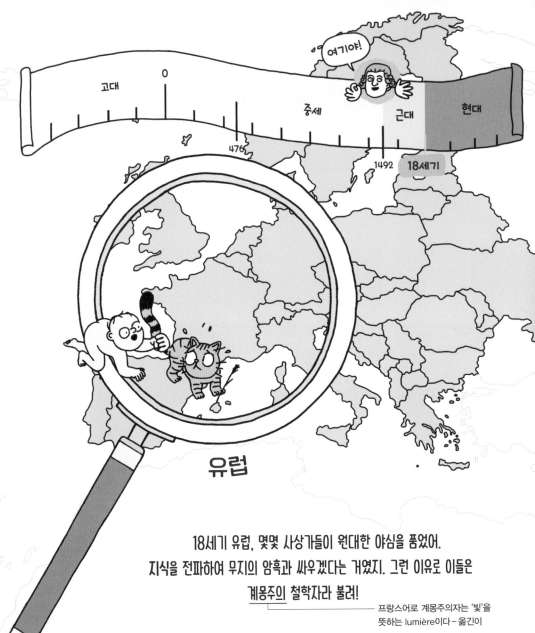

고대　　0　　　　　　　　　중세　　　여기야!　근대　　　현대

476　　　　　　　　　　　1492　18세기

유럽

18세기 유럽, 몇몇 사상가들이 원대한 야심을 품었어.
지식을 전파하여 무지의 암흑과 싸우겠다는 거였지. 그런 이유로 이들은
<u>계몽주의</u> 철학자라 불려!

프랑스어로 계몽주의자는 '빛'을
뜻하는 lumière이다 – 옮긴이

이런 움직임의 상징이 디드로와 달랑베르가 편찬한 『백과전서』야.
여기엔 계몽된 대중에게 전파하기 위해 구할 수 있는 모든 지식이 집결되었어.

지식은, 진보하면서 이성과 신념의 인도를 따르면,
종교적 불관용과 정치적 전제주의에 맞서는 **자유의 도구**가 되지.

대표적인 계몽주의의 나라 프랑스에서는…

루소는 1762년 『에밀』을 썼는데, 이 책에서 자신이 생각하는
이상적인 아동 교육, 자유와 시험 사이의 교육을 이야기했어.*

* 일화 하나를 소개하자면, 루소는 다섯 아이를 두었는데 전부 고아원에 버렸어. 그 일로 볼테르에게 호된 비난을 받았지.

루소와 새로운 경험을 해볼까.

올랭프 드 구주는 당대로서는 혁명적인 사상을 지닌 여성이었어. 그녀는 투쟁했지.

노예제 반대와 만인의 평등과 자유를 위해.

남성과 여성의 평등을 위해. 이는 그녀의 '여성과 여성 시민 권리 선언'의 초석이야
(1789년 '인간과 시민의 권리 선언'을 본떴어).

흐음,
신사분들…

여성 시민은
잊은 것 같은데요?

프랑스어로는 '인간'을 뜻하는
homme가 '남자'를 뜻하고, '시민'이
라는 뜻의 기본형 citoyen이 남성형
이기 때문이다 – 옮긴이

소녀들의 **강제 결혼에 반대**하고 **이혼**을 옹호하며
(그녀는 16세에 결혼했어).

계몽적인 삶을 위한
실용적인 원칙 네 가지!

올랭프 드
구주

* '여성과 여성 시민 권리 선언', 1791.

카를 마르크스

생각하기, 행동하기, 공동 소유하기

세상을
바꿔볼
생각 있어?

감자튀김 하나 먹으면
힘 날 거야…

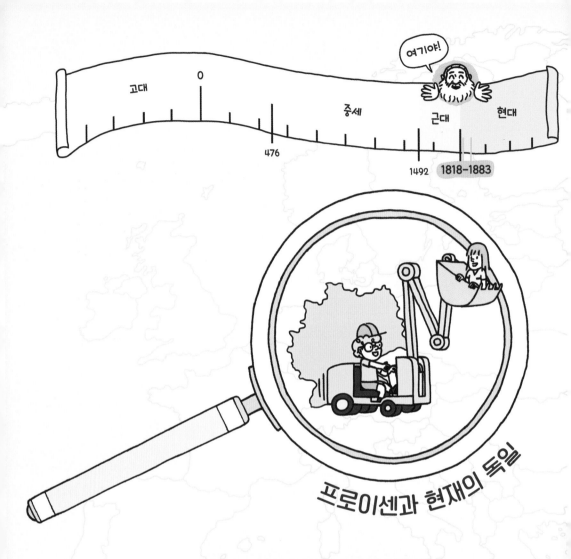

꼬마 카를은 옛 프로이센 지방의 대가족에서 태어났어.
유대인 출신인 그의 부모님은 개신교로 개종했지만, 카를은 종교적 교육을 받지는 않았어.
더구나 그는 항상 **종교**에 대해 비판적인 자세를 취하게 돼!

당시 유럽은 산업 발전이 한창이었고 공장에서 일하는 노동자들(아이들도 있었어!)은
몹시 가혹한 조건에 처해있었어. 그들은 권력과 생산 수단을 소유한 소수의 사람들에게 착취당했지.
부르주아 말이야.

이 체계를 비판한 마르크스는 세계에서 가장 유명한 철학자 중 하나이며
그의 이름은 공산주의와 결부되어 남았어.

마르크스가 공산주의를 소개합니다

노동자 〈 VS 〉 경영자

노동력만을
소유함

자본가

생산 수단인
공장과 돈을
소유함

노동자는 돈을 벌고
살아가기 위해 자본가에게
자신의 노동력을 팔아야만 해.
부끄러운 일이야!

하지만 내게 해결책이 있지.
생산 수단이 어떤 경영자의
소유도 아니어야 해…

왜냐하면 오직 자신의
필요 충족만을 위한 노동은 인간을 진정한
본성으로부터 멀어지게 하거든!
인간은 스스로에게 낯설어지고,
이는 소외와 같아!

당신 인생에 도움이 될

실용적인 조언 네 가지!

나누기
네가 가진 것을 남들과 나누라. 소유하고 있다고 해서 그것들이 너만의 것이라고 생각하는 것은 잘못이다!

연대
모두가 완전한 자기실현을 할 수 있도록 남들을 도우라!

돈
돈에 눈이 멀어선 안 된다. 네 열정에 따라 직업을 선택하라!

자연
네 진정한 본성을 이해하려 노력하고, 항상 그것을 따르라!

카를 마르크스

* 『자본』, 1867 참조.

프리드리히 니체

반항으로서의 사유

계속 읽다보면…
너 자신이 되는 법을
알게 될 거야!

스스로의
주인이자 조각가가
되라고!

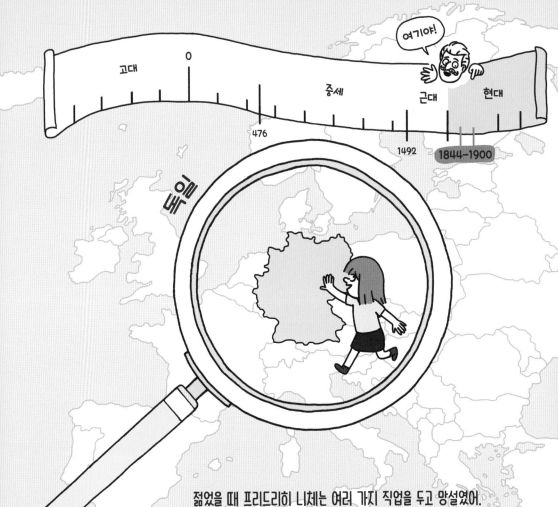

젊었을 때 프리드리히 니체는 여러 가지 직업을 두고 망설였어.
성직자(아버지처럼), 음악가, 철학자였지. 마침내 그는 종교를 거부하고
문헌학(말의 기원에 대한 학문이야!) 교수가 되었어. 하지만 심한 두통에 시달리던 그는
사임하고 더 온화한 기후로 살러 가야 했지. 프랑스와 이탈리아로.

니체는 그 이전의 철학자들이 의지했던 많은 확실성들에 의문을 제기했던 것으로 유명해.
그의 사유는 너무도 강렬해서 그가 철학에 "망치질을 했다"고들 하지!

1889년 겨울, 그는 이탈리아 토리노의 어느 거리에서 채찍질 당하던 말의 목을 끌어안았어.
그는 흐느껴 울었고, 그 후 의식을 잃었지. 그리고 돌이킬 수 없는 광기에 빠졌어.

125

이 두 그리스 신을 통해, 서로 다르지만 상호 보완적인
삶의 두 가지 행동 방식을 알아보자.

초인이 되기 위한
유용한 조언 네 가지

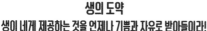

생의 도약
생이 네게 제공하는 것을 언제나 기쁨과 자유로 받아들이라!

> 꼬마야, 이것 봐라, 빵집에 들어가는 비밀 통로를 발견했단다!

> 사양하겠어요, 감옥으로 가는 비밀 통로 같은데요…

영원 회귀
생을 무한히 반복해야 하더라도, 매번 그것을 받아들이라!

> 한 판 더 할래?

> 그래, 이번엔 '하드' 모드로 하자!

새 게임을 하시겠습니까?
예⊙ 아니요ⓧ

지배적 도덕(특히 기독교 도덕)의 파괴
선하거나 악하다고 받아들여지는 것에 언제나 의문을 제기하라.
남들이 틀렸을 때도 있다!

> 미안해, 얘들아…

> 나 스스로 생각하고 싶어!

창조
일단 지배적 도덕을 접어둔 후, 네 고유한 가치들을 창조하라.
네 생의 주인이 되고 노예가 되지 말라!

> 와, 예쁘다, 뭐니?

> 나만의 가치들을 창조하는 중이야.

* 『이 사람을 보라』, 1888 참조.

한나 아렌트

행동으로서의 사유

독서는 좋지!
하지만 어떤 순간에는
행동도 해야 해!

한나 아렌트는 독일에서 유대인 집안에 태어났어.
1933년 아돌프 히틀러가 권력을 잡자, 그녀는 나치의 박해를 피해 조국을 떠났지.

이 경험으로 그녀는 악이라는 문제와 **전체주의**의 기원에 대해 성찰하게 되었어.
전체주의란 국가가 모든 권력을 쥐고 개인에게 자유가 거의 없는 정치 체제야.

고대 철학의 가르침, 특히 아리스토텔레스에 기반하여, 한나 아렌트는 근대성을 비판하기도 했어.
그녀가 보기에 근대는 인간이 정치를 집단이 아닌 사적 이익의 공간으로 만든 시대였지.

한나는 악의 기원을 찾는 데서 그치지 않았어. 그녀는 전체주의의 유혹에 맞서
자기를 보호하는 방법을 탐구했어. 그러기 위해서는 정치적 행동을 복권시켜야 해.

근대는 행위를 노동으로 대체했고 그 결과 개인 간의
소통 단절과 고립이라는 결과로 이어졌어.

당신 인생의 길잡이가 될
실용적인 원칙 네 가지!!

너의 인격을 항상 사유를 위해 사용하고
남들이 요구할지라도 악을 행하지 말라!

절대 폭력으로 갈등을 해결하지 말라, 토론으로 해결하라.

노동에 굴종하지 말라, 그보다 공동의
이익을 위해 행위를 실행하려 노력하라!

아무것도 하지 않은 채 있지 말라… 행동하라!

인간은 결코 사유하기를 멈춰서는 안 된다. 그것은 야만을 막는 유일한 방벽이다.*

한나 아렌트

* 『예루살렘의 아이히만: 악의 평범성에 관한 보고서』, 1963.

실존주의

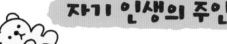
자기 인생의 주인이 되기

잊지 마,
우리는 우리의
선택이라는 걸!

그래···
부담이 막중하지···

프랑스, 독일, 덴마크

실존주의 철학자들은 각 개인이 자기 존재의 주인이라고 봐.
따라서 인간은 자신의 행동들과 인생의 길잡이가 될 가치들을 자유롭게 결정할 수 있지!

하지만… 그게 늘 쉬운 일일까?

프랑스에서 가장 유명한 실존주의 사상가 장 폴 사르트르는
저서 『실존주의는 휴머니즘이다』를 통해 자신의 사상을 널리 알렸어.
사르트르는 덴마크 사상가 쇠렌 키르케고르와
독일철학자 마르틴 하이데거에게서 큰 영향을 받았어.

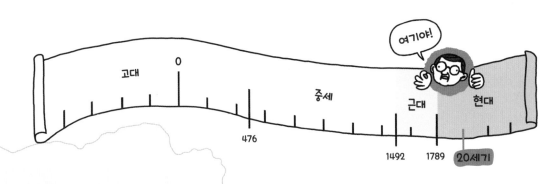

* 정말로 책을 썼어! 1938년 출간된 그의 최고 걸작 『구토』가 그거야. 하지만 물론 배탈 났을 때의 구토를 말하는 건 아니야!

요약하자면, 사르트르는 이렇게 구분했어.

사물

다른 것이 될
선택권이 없음

그래,
하지만 우리는 실존적
의문을 덜 느끼지!

명확하고 결정된
본성을 지님

'본질'이 있음

이것이
즉자적 존재야.

인간

이 모든
자유…

하지만
이 자유로
뭘 하지?

인간의 '실존'은
'본질'에 의해
미리 고정되어 있지 않음

자유롭게 자기 삶을
선택할 수 있음

인식이 있음

이것이
대자적 존재야.

절대 잊어서는 안 될

유용한 원칙 세 가지!

장 폴 사르트르

시몬 드 보부아르

남성—여성의 평등함을 위하여

여자들이여, 일어나라!

당신 인생에 도움이 될
실용적인 원칙!

결코 남들이 네 행동이나 생각에 여자답다거나 남자답다는 말을 하도록 놔두지 마! 자유롭게 행동하고 생각해!

시몬 드
보부아르

* 『제 2의 성』, 1949.

언어 철학

혹은 언어적 전환

철학은
교리가 아니야,
활동이야!

자아,
훈련하라고!

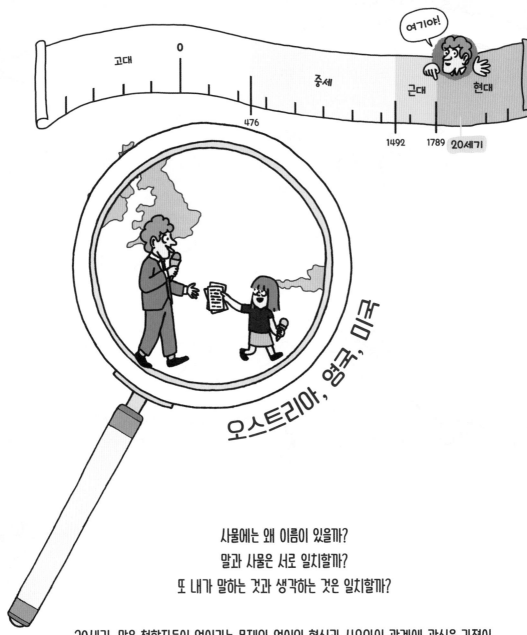

여기야!

고대   0   중세   근대   현대

476   1492   1789   20세기

오스트리아, 영국, 미국

사물에는 왜 이름이 있을까?
말과 사물은 서로 일치할까?
또 내가 말하는 것과 생각하는 것은 일치할까?

20세기, 많은 철학자들이 언어라는 문제와 언어와 현실과 사유와의 관계에 관심을 가졌어.

참여 지식인이자 평화주의자인 **버트런드 러셀**과
그의 제자이며 처음에는 항공학을 공부했던
괴짜 사상가 **루트비히 비트겐슈타인**은
이런 질문에 어느 정도 답하려고 애썼어.

비트겐슈타인이 보기에, 철학은 세상에 대한 아무런 신비로운 것도 드러내지 않아. 발견해야 할 숨겨진 사실은 없어. 모두 그 자리에 있어! 그는 이론이 아닌, 우리의 표상 형태들의 일관성 있는 이미지를 수립하려 했어.

『논고』를 쓴 후, 비트겐슈타인은 철학의 모든 문제를 해결했다고 생각하며 다른 일로 넘어갔어.

오스트리아의 부유한 집안 출신이었음에도 그는 이런 일들을 했어.

1920년대 말 비트겐슈타인은 철학으로 돌아왔고, 남은 반평생을 쏟아…

자신이 『논고』에서 주장했던 언어관을 부정하게 돼! 그는 언어 게임이라는 개념을 창안했어.

루트비히
비트겐슈타인

* 「논리-철학 논고」, 1921. 일곱 번째 명제. 이게 마지막 명제야!

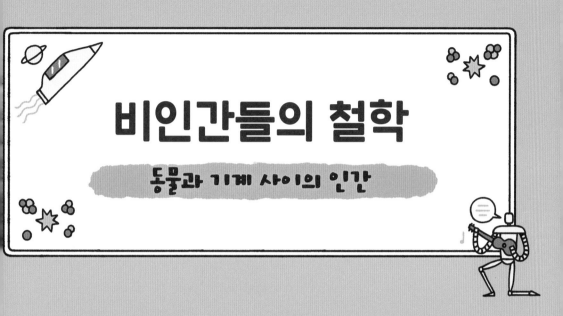

비인간들의 철학

동물과 기계 사이의 인간

나는 절대 철학을
못할 거야!

너는 인간이라
운이 좋은 거야…

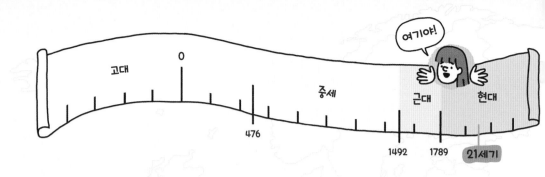

지금까지 우리는 인간의 철학만을 살펴보았어.

이제부터 인간의 경계에 무엇이 있는지 탐구해 볼까?…

예를 들어 인간과 동물의 관계를 생각해 보고,
다음으로 기술에 의해 인간 본성이 변화될 가능성을,
나아가 인간−기계의 창조까지를 살펴보자고!

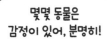 몇몇 동물은 감정이 있어, 분명히!

 개는 기분이 좋으면 꼬리를 사방으로 흔들지.

 …말은 겁먹으면 귀를 뒤쪽으로 세우고…

그리고 언어parole가 없어도 자기들끼리는 소통하잖아! 그들에겐 언어능력langage 이 있어.

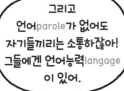

하지만 그렇다면, 인간과 동물을 정말로 구분 하는 건 뭘까?

내가 대답할 수 있을 것 같구나, 꼬마야

아, 루소가 오네…

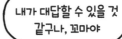

인간을 동물과 구별하는 것은 그의 자유다. 인간은 다른 곳을 향하기 위해 자신의 본성과 본능을 초월하기로 결심할 수 있다!

예를 들어, 『일리아스』나 『오디세 이아』를 쓴 보노보는 없었지!

그리고 지금까지 동물들이 아직 의문을 제기하고 **철학** 하기를 시작하지 않은 것도 사실이야…

162

철학자들 사이에서 동물을 보는 관점은 대조적이야.

미셸 드 몽테뉴(16세기): **인간과 동등한 동물**
동물은 인간보다 열등하지 않다! 그 점을 깨달으려면 그들의 작품을 분석해 보는 것만으로 족하다! 예를 들어…

제비의 완벽한 둥지, 바람을 막아주고, 새끼들을 위해 폭신하게 깃털을 깔았지.

거미줄은 먹잇감을 붙잡기 위해 특정 부분이 더 튼튼해.

르네 데카르트(17세기): **동물-기계**
동물은 부품과 톱니바퀴로 된 기계와 같다!

그들에게는 인식이 없고 생각할 수 없어.

어리석은 사람을 짐승 같다고 하는 게…

괜한 말이 아니라니까!

피터 싱어(20~21세기): **'쾌고감수능력'이 있는 존재인 동물**
포유류 같은 동물들은 인간과 같은 방식으로 괴로워하고 죽음에 대한 인식이 있다!

매우 충격적으로 들릴 수도 있겠지만, 싱어는 그런 동물들이 우리와 동등하게 대우 받아야 한다고 생각해… 심지어 심각한 장애가 있거나 기억을 잃은 인간보다 우월하다고 보지.

그만의 독특한 동물관이군…

저기, 싱어, 거북이 얘한테 돌려줄래요?

안녕하세요 부인!

이 동네에 사시나요?

지능의 문제?

인공지능에 인식이 존재할 가능성은
1980년경 존 설의 유명한 〈중국어 방〉 실험을 통해 논의되었고 부정되었어.

이 실험은 컴퓨터가 인간이 하는 질문에 올바르게 대답하기 위해 인식이 있을 필요는 없다는 것을 보여줘.

이러한 성찰을 좀 더 밀고 나가서,
이제는 **기술** 덕분에
인간이 지능과 기억력 같은 **인지능력**,
그리고 벽을 투과하여 보거나
영생하는 것처럼 **신체능력**을 향상시키거나
고칠 수 있는 (아프거나 다쳤을 경우)
미래를 상상해 봐.

어떻게 생각해?

기술 진보를 이용해 인류를 '개선'하여
인간의 한계를 초월해야 할까?

오직 병이 난 경우에만
인간의 본성을 변화시켜야 할까?

과학적 탐구를 그 쪽이 아닌
다른 영역에서 발전시켜야 할까?

이 미래의 세계에서는, 이식 장기, 인공 보철물, 인간-기계의 혼종, 클론… 등등 때문에
인간과 개조된 인간 사이에 큰 차이가 생길 거야. 그들은 '초인간'이라 할 수 있겠지.

서둘러,
뛰어, 레나!

수학 수업이
지금 막 전송되기
시작했다고!

이식 장비 없는
너는 별로 대단한 걸 배우지
못할 것 같지만…

접속
마스크

컴퓨터
시계

슈퍼 로봇
다리

학교

하지만…

인간을 개조한다는 허가는 누가 내릴까?

그의 자유의지?

난 찬성!

싫어!

저는 공장용으로 특별히 설계되었어요.

경제적 목적?

믿음?

기술과학의 발전은 모두에게 공정하게 이익이 될까?

저는 비싸지 않답니다…

…안경도 안 쓰고요!

혹시 인구의 소수 부유한 이들과
가난한 이들 사이의 격차를 더 벌이지는 않을까?

설치하세요
flair
오염을 걸러주는 코

능력을 개선시킬 자유가 아기들에게 적용될 수도 있어!

유전자는 변형되고, DNA는 미리 재구성되는 거지.

계획적 임신 시술로
'맞춤형 아기'를 제작할 수 있게 될 거야!

어떻게 생각하니?

아이에 대한 부모의 자유는 어디서부터(혹은 어디까지)일까?
설령 아기가 아직 잠재적 인간에 불과하더라도 말이야.

선생님, 아직도 아기의 특징을 바꿀 수 있을까요?

아기 잠옷과 어울리게 번뜩이는 눈을 지녔으면 좋겠어요…

우리에겐 맞춤형 아기를 창조할 권리가 있을까?

개량된 아기로서 한마디 하자면,
객관적인 답변은 드리기 어렵겠네요…

찬성하는 논거와 반대하는 논거를 찾아봐. 해냈다면… 축하해,
넌 철학자가 되는 올바른 길을 가고 있는 거야!

167

당신 모습을 그리고, 말풍선에 이 책을 읽으면서
떠오른 당신에게 중요한 사유 하나를 적어보세요!

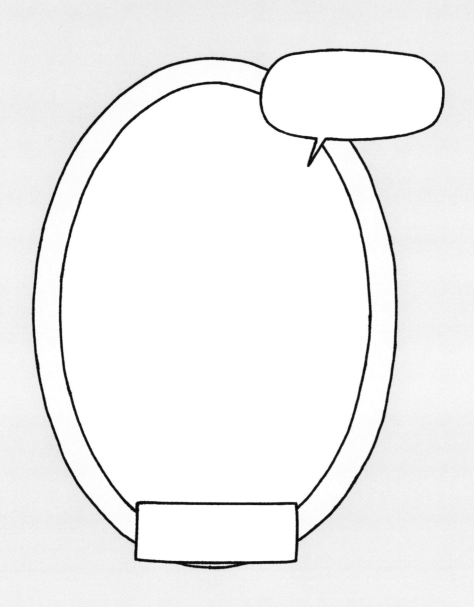

저자 소개

키아라
파스토리니

페르스발
바리에

키아라 파스토리니는 실천 철학자, 어린이들을 위한 철학 해설자이자 교육자이며 파리 9 도핀 대학에서도 강의하고 있다.

어린이와 청소년을 위한 철학 입문 프로젝트, 〈꼬마 계몽주의자들Les petites Lumières〉 협회를 창설했다.
대표작으로 『철학-예술 아틀리에의 한 해Une année d'ateliers philo-art』(Nathan, 2019)가 있고, 〈필로소피 매거진〉의 정기 필진이며 벨기에 교육 잡지 〈필레아스와 오토빌〉의 만화 코너 '아틀리에 필로'의 대본을 맡고 있다.

꼬마 계몽주의자들 Les petites Lumieres :
www.ateliersdephilosophiepourenfants.com

페르스발 바리에는 1983년생이다. 코르비에르에서 자랐고 아미앙 미술디자인학교에서 그래픽 아트를 전공했다. 리옹에서 그래픽 디자이너로 활동 중이며 여러 만화책의 그림 작가를 맡았는데, 특히 마티외 실뱅데르, 토마 브르토노와 공동 작업으로 많은 책을 냈다.

샤를 페펭은 철학자이자 소설가다. 대표작으로 베스트셀러인 『실패의 미덕Les Vertus de l'échec』(Allary Editions, 2016)과 『자신감 단 한 걸음의 차이La Confiance en soi』(Allary Editions, 2018), 만화가 질과 공동 작업한 『세계철학 백과사전La Planète des sages』(Dargaud, 2011, 2015)과 『그리스인의 50가지 그림자50 nuances de Grecs』가 있다.

감사의 말

아스트리드 데보르드와 마를렌 노르망을 비롯한 나탕 출판사 팀 전원의
어마어마한 노고와 인내심에 감사를 표하고 싶다.
대단한 철학적 엄정함으로 검토해 준 마누엘라 발레에게도 깊은 감사를 드린다.
마지막으로, 이 모험 내내 줄곧 우리를 지지해 준 우리의 가족,
아이들과 배우자, 마틸드와 알렉상드르에게 감사한다.

키아라 파스토리니와 페르스발 바리에

옮긴이 **김희진**

성균관대학교에서 불어불문학과 영어영문학을 전공했으며, 동 대학원에서
불어불문학과 박사과정을 수료했다. 출판·기획·번역 네트워크 '사이에'
의 위원으로 활동중이다. 『내 어머니의 자서전』『찬란한 종착역』『시간의 밤』
『우연히, 웨스 앤더슨』『이상한 나라의 앨리스』 등의 소설을 비롯해 다수의
그래픽노블과 예술서를 옮겼다.

나는 반항한다, 고로 철학한다

초판 1쇄 인쇄 2024년 1월 5일
초판 1쇄 발행 2024년 1월 19일

지은이 | 키아라 파스토리니, 페르스발 바리에
발행인 | 강봉자, 김은경

펴낸곳 | (주)문학수첩
주소 | 경기도 파주시 회동길 503-1(문발동 633-4) 출판문화단지
전화 | 031-955-9088(대표번호), 9530(편집부)
팩스 | 031-955-9066
등록 | 1991년 11월 27일 제16-482호

홈페이지 | www.moonhak.co.kr
블로그 | blog.naver.com/moonhak91
이메일 | moonhak@moonhak.co.kr

ISBN 979-11-92776-92-7 03100

＊파본은 구매처에서 바꾸어 드립니다.